Lk⁷ 194

ACADÉMIE

des Sciences, Agriculture, Commerce, Belles-Lettres et Arts

DU DÉPARTEMENT DE LA SOMME.

INAUGURATION

DE LA

STATUE DE GRESSET.

21 JUILLET 1851.

AMIENS,

Imprimerie de DUVAL et HERMENT, Place Périgord, 3.

1851.

INAUGURATION

DE LA

STATUE DE GRESSET.

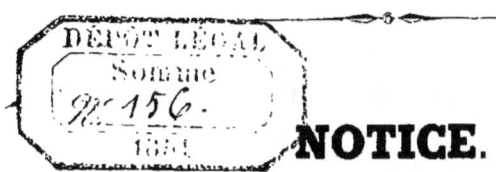

NOTICE.

 L'Académie d'Amiens doit se féliciter que l'un de ses membres, à la fin de l'année 1848 et au commencement de 1849, ait eu l'heureuse idée de faire l'histoire de cette compagnie, car peu de jours après la séance où M. Garnier rappelait à ses collègues que l'Académie, instituée par lettres patentes de 1750, touchait à l'anniversaire séculaire de sa fondation, et que celui qui avait eu l'honneur de la présider pour la première fois, était précisément l'auteur de *Ver-Vert* et du *Méchant*, un autre membre, M. Gédéon Forceville, dans la séance du 9 février 1849, proposait à l'Académie d'Amiens d'exécuter gratuitement en marbre, de grandeur naturelle, la statue de Gresset assis.

 M. Forceville a en outre exprimé le vœu que la statue ne fût jamais destinée à une place publique, mais qu'elle fût placée, soit dans l'intérieur de la Bibliothèque, soit dans le Musée, lorsque la ville aura disposé un local convenable.

 Cette proposition, soumise à l'examen d'une commission,

fut adoptée par acclamation dans la séance du 23 février de la même année, et le rapporteur faisait remarquer que, par un hasard doublement heureux, la statue destinée à représenter les traits du poète illustre qui était le fondateur de l'Académie, pourrait être inaugurée à une époque qui coïnciderait avec l'anniversaire séculaire de cette fondation.

Le 22 juin de la même année, M. Forceville présentait l'archétype de son projet, et l'Académie était informée que le marbre demandé au Ministre de l'intérieur venait d'être accordé aux pressantes sollicitations de M. Porion, maire d'Amiens.

Le 9 mars 1850, elle entendait le rapport de la commission chargée d'assister au moulage de la statue. Cette opération, un instant mise en péril, avait parfaitement réussi.

Le 9 octobre 1850, M. Forceville annonçait le complet achèvement de la statue, et invitait l'Académie à la visiter avant qu'elle fût expédiée à Paris pour l'exposition qui allait s'ouvrir.

Enfin l'Académie, approuvant le projet de piédestal qui lui était présenté, décida, dans sa séance du 6 juin 1851, que les inscriptions suivantes y seraient gravées :

Face antérieure.

A GRESSET
L'ACADÉMIE D'AMIENS
1851.

Face latérale droite.

NÉ A AMIENS LE 29 AOUT 1709
MORT LE 16 JUIN 1777.

Face latérale gauche.

FONDATEUR DE L'ACADÉMIE
1750.

Il est inutile de rappeler la part que l'Académie en corps et chacun de ses membres en particulier ont prise à l'exécution de cette œuvre d'art; mais la reconnaissance oblige à parler du concours que lui ont prêté, et le Conseil municipal de la ville d'Amiens, qui a fait les frais du piédestal, et le Ministre de l'intérieur qui a fait don du marbre, et la famille de Gresset qui a fait frapper, à ses frais, une médaille commémorative de l'inauguration de la statue, et la Société des Antiquaires de Picardie qui a saisi cette occasion de remercier l'Académie de la participation que celle-ci avait prise à l'érection du monument de Du Cange.

Le procès-verbal de la séance publique et de la cérémonie de l'inauguration, mieux qu'une sèche analyse des opérations qui ont précédé cette solennité, acquittera la dette de l'Académie à cet égard.

PROCÈS-VERBAL

DE LA SÉANCE DU 21 JUILLET 1851.

Le vingt-et-un Juillet mil huit cent cinquante-et-un, à midi, l'Académie a tenu une séance publique extraordinaire, àl'occasion de l'inauguration de la Statue de Gresset.

Membres titulaires présents :

MM. Breuil, *Directeur ;* Floucaud, *Chancelier ;* Anselin, *Secrétaire-Perpétuel ;* Barbier; Rigollot; Machart; Obry; Pauquy; Decaïeu; Marotte; Daveluy; Dewailly; Garnier; Tavernier; Roussel; Pollet; Bor; Dauphin; Mathieu; Févez; Bouthors; G. Forceville; Alexandre; Péru-Lorel; Follet; Daussy.

Étaient également présents :

MM. Boullet, premier Président de la Cour d'appel; Léon Masson, Préfet de la Somme; Gastambide, Procureur-Général; Allou, Recteur de l'Académie; Porion, Maire d'Amiens, *Membres honoraires en vertu du Règlement.*

MM. Lemerchier; Berville, premier Avocat-Général à la Cour d'appel de Paris; Jourdain; Cheussey, *Membres honoraires.*

MM. Hardouin, avocat à la Cour de cassation; Labourt, ancien magistrat ; Cahen, traducteur de la Bible et Mme Fanny Denoix, *Associés correspondants*.

M. le Directeur a déclaré la séance ouverte.

Ont alors été introduits MM. Ancelot, Patin et Nisard, membres de l'Académie française et délégués par elle pour assister à l'inauguration de la Statue de Gresset.

MM. les Délégués ont occupé les places qui leur étaient réservées en face du Bureau.

M. le Directeur a prononcé le discours suivant :

Messieurs,

Dans la séance du 1.er septembre de l'année dernière, le Directeur qui m'a précédé rappelait au souvenir de l'Académie qu'un siècle s'était écoulé depuis sa fondation, et qu'en 1750 elle avait tenu sa première séance publique sous la présidence de Gresset, son fondateur. Vous auriez voulu signaler le moment où s'accomplissait cette période séculaire par l'inauguration de la statue du poète auquel vous devez vos prérogatives; mais M. Forceville, notre collègue, n'avait pas encore terminé son œuvre, et vous dûtes retarder jusqu'en 1851 la célébration de l'année séculaire, pour la faire coïncider avec l'inauguration de la statue. Cette célébration est aujourd'hui l'objet de votre séance.

Une autre voix que la mienne dira dans un instant quels furent les travaux de l'Académie et les services rendus par elle depuis sa fondation. Pour moi, je me propose de faire voir comment elle acquitta la dette de la reconnaissance envers son fondateur, et, après avoir développé la série des honneurs rendus à la mémoire de Gresset, de prouver qu'il les méritait par ses talents.

Gresset, à qui le succès du *Méchant* avait ouvert l'entrée de l'Académie française, se trouvait en 1749 en pleine possession de sa gloire. A cette époque, il quitta Paris pour revenir dans sa ville natale, et voulut y marquer son retour en lui donnant une preuve éclatante de l'intérêt qu'il lui avait toujours porté. Membre de la Société littéraire formée à Amiens depuis 1702, il seconda le désir qu'avaient ses collègues de procurer à leur compagnie une organisation plus large et plus relevée. Joignant à des sollicitations actives la recommandation de sa renommée, il obtint les Lettres-patentes du Roi qui constituaient la société littéraire en Académie des sciences, belles-lettres et arts. Cet acte constitutif le nommait président perpétuel; mais sa modestie ne lui permettant pas d'accepter ce titre, il ne voulut retenir que l'avantage de présider l'Académie dans la séance du 1.er octobre 1750.

Le patronage de Gresset avait été le plus bel honneur de notre compagnie : il fut toujours son plus cher souvenir. Quatre années seulement s'étaient écoulées depuis la mort du poète, lorsque l'Académie, en 1781, proposa son Eloge comme sujet de prix, et tel était son culte pour la mémoire de Gresset, que dans un concours où apparurent plusieurs ouvrages recommandables par leur mérite, aucun, faute d'être un chef-d'œuvre, ne fut jugé digne de la couronne. Persévérant toutefois dans le désir d'honorer Gresset, l'Académie décida que la somme assez importante destinée au prix de l'Eloge servirait à lui élever un buste en marbre dans la grande salle de l'Hôtel-de-Ville, et que le corps municipal serait invité à compléter la dépense nécessaire. Cette invitation fut accueillie avec faveur, et l'inauguration du buste, ouvrage de Béruer, sculpteur du roi, eut lieu dans la séance publique du 25 août 1787.

Ce fut le dernier hommage rendu à Gresset avant la révolution française. Durant les jours les plus sinistres de cette époque, le buste disparut de la grande salle. Tandis qu'on oubliait l'image de notre compatriote, cachée dans l'ombre et la poussière d'un grenier, on oubliait aussi sa tombe, placée dans une chapelle du cimetière St.-Denis. Le cimetière abandonné était devenu un enclos de pâture, la chapelle s'était transformée en étable. Avertie en 1809 de cette profanation, l'Académie s'en émut et résolut de demander au Gouvernement l'autorisation nécessaire pour exhumer les restes de Gresset et les transporter dans la cathédrale. Des formalités administratives retardèrent l'accomplissement de ce projet pendant deux années; enfin, le 16 août 1811, les cendres du poète furent portées dans notre basilique, et la majesté de leur nouvel asile, la pompe de la cérémonie funèbre, réparèrent l'injure qu'elles avaient subie. La solennité qui rendait une tombe honorable à un des écrivains les plus populaires de la France, devait fournir à l'imagination des poètes un thème inspirateur ; aussi, en 1812, l'Académie proposa-t-elle pour sujet du prix de poésie *la Translation des cendres de Gresset.* Cette fois, le concours réussit, M. Natalis Delamorlière en remporta la palme, et vous me saurez gré d'ajouter qu'une mention honorable récompensa le talent d'un homme, alors bien jeune, qui devait signaler plus tard son nom par plus d'un genre de mérite, et dont vous applaudissez tous les ans avec tant de plaisir les élégantes productions littéraires (1).

Quarante ans se sont accomplis depuis la translation des cendres de Gresset. Durant ce long période, le souvenir du poète ne s'est pas effacé parmi nous. Des lectures de lettres ou de compositions en vers inédites l'ont ravivé plusieurs fois dans nos séances publiques, et un ancien chancelier de l'Académie, en publiant l'*Essai historique sur la vie et les ouvrages de Gresset*, a encore augmenté notre estime pour le

(1) M. Berville.

noble caractère et les talents de notre compatriote. Je me félicite, Messieurs, de pouvoir remercier ici publiquement M. de Cayrol des patientes et consciencieuses recherches qui lui ont permis de mettre dans tout son jour la personne morale et intellectuelle de Gresset. Il a, si j'ose le dire, fait sa statue littéraire, avant que M. Forceville eut conçu la pensée de confier au marbre la reproduction de la personne physique. Tout ce qui subsiste de l'homme illustre est maintenant assuré contre l'oubli, et l'œuvre de l'artiste va combler les honneurs rendus par l'Académie à celui qui l'avait fondée.

Gresset mérite-t-il sa statue ? Si nous pouvions craindre qu'un peu de superstition ne se fût mêlé à notre culte pour sa mémoire, un coup d'œil jeté sur l'assemblée qui m'environne suffirait pour dissiper cette inquiétude. Des hommes éminents dans la science et dans les lettres, des sociétés littéraires distinguées ont voulu s'associer à la cérémonie qui s'apprête ; l'Académie française s'est souvenue de l'auteur du *Méchant* ; elle a permis qu'un poète accoutumé aux brillants succès du théâtre (1), que deux écrivains dont nous admirons les excellents ouvrages de critique littéraire (2), vinssent la représenter au milieu de nous et offrir à Gresset une fleur de leur propre couronne.

C'est qu'en effet le poète amiénois occupe parmi les écrivains français une place éminemment honorable. Nous ne dirons pas avec Mme de Genlis que Gresset était supérieur à Voltaire dans la poésie légère : l'éloge perd son crédit par l'exagération ; mais il nous paraît suivre Voltaire de très-près, et laisser à son tour derrière lui à une grande distance le groupe des poètes enjoués et faciles où domine l'abbé de Chaulieu.

On sait quel fut le succès de *Ver-Vert*. Jean-Baptiste

---

(1) M. Ancelot.
(2) MM. Nisard et Patin.

Rousseau le signale à son apparition comme un phénomène littéraire et comme le plus agréable badinage que nous ayons dans notre langue. Louis XV le lit lui-même à ses courtisans dans un voyage de la Muette; dès-lors la mode concourt à la célébrité d'un ouvrage si hautement favorisé, les éditions se multiplient, s'épuisent, et bientôt la cour, la ville, toutes les classes de lecteurs ont pour le perroquet de Nevers les yeux des Visitandines. Ce n'est pas tout. *Ver-Vert* s'envole au-delà de nos frontières et parcourt successivement le nord et le midi de l'Europe, où des traductions popularisent son nom et celui de son ingénieux parrain. Le roi de France avait déclamé *Ver-Vert*, le roi de Prusse fait mieux encore: il dépose le témoignage de son admiration dans une ode adressée à Gresset en 1740 et redouble auprès de lui ses instances pour l'attirer à Berlin. Un tel honneur dut singulièrement flatter notre compatriote; on peut penser toutefois qu'il aurait préféré ne pas en être l'objet, s'il avait su que l'ode de Frédéric devait jeter dans l'âme de Voltaire le germe d'une jalousie, dont plus tard la satire du *Pauvre Diable* recueillit les fruits amers.

Déjà la publication de *Ver-Vert* remonte au-delà d'un siècle, et lorsque tant de gros poèmes de cette époque ont vieilli ou sont entièrement oubliés, le petit poème se lit, se relit encore : il a gardé toute sa jeunesse et sa fraîcheur. Le sujet est d'une extrême simplicité, mais il appartient au génie d'un vrai poète de donner à un rien l'éclat et le prestige : c'est le rayon de soleil qui frappe une goutte d'eau, et la fait briller de toutes les couleurs du prisme.

En racontant les aventures du perroquet, en dévoilant

> L'art des parloirs, la science des grilles,
> Les graves riens, les mystiques vétilles,

Gresset n'a imité personne, et son ouvrage, venu après

les nombreux chefs-d'œuvre du grand siècle, n'aurait pas obtenu l'étonnant succès dont j'ai parlé, si l'originalité n'avait constitué un de ses principaux mérites. Dans le poème justement célèbre du *Lutrin*, renfermant aussi la fine satire des gens d'église, et fondé sur le sujet le plus mince, Boileau avait adopté le style de l'épopée. A des personnages vraisemblables, il avait mêlé des personnages allégoriques, qui, en donnant à l'ouvrage plus de pompe et d'étendue, lui communiquent une certaine froideur. L'exemple d'un tel écrivain pouvait tenter Gresset, débutant à vingt-quatre ans dans la carrière des lettres, c'est-à-dire à un âge où l'on cède si aisément à l'imitation. Or, le jeune et malin poète aperçut fort bien l'écueil qu'il devait éviter, et je n'en veux pour preuve que ce passage tiré du chant premier de *Ver-Vert*, où il dit en parlant de son héros :

>   Sur sa vertu par le sort traversée,
>   Sur son voyage et ses longues erreurs,
>   On aurait pu faire une autre Odyssée,
>   Et par vingt chants endormir les lecteurs :
>   On aurait pu des fables surannées
>   Ressusciter les diables et les dieux ;
>   Des faits d'un mois occuper des années,
>   Et, sur des tons d'un sublime ennuyeux,
>   Psalmodier la cause infortunée
>   D'un perroquet non moins brillant qu'Enée,
>   Non moins dévot, plus malheureux que lui.
>   Mais trop de vers entraînent trop d'ennui.
>   Les Muses sont des abeilles volages ;
>   Leur goût voltige, il fuit les longs ouvrages,
>   Et ne prenant que la fleur d'un sujet,
>   Vole bientôt sur un nouvel objet.

Gresset suivit le goût des muses. Développant son récit en

trois petits chants, le retenant toujours dans les bornes de la vraisemblance, observant un style naturel et familier, il sut attacher à son poème l'intérêt d'une histoire véritable. Avec ses gentilles nonnettes il pouvait se passer des déesses de l'Olympe; il remplaçait fort convenablement les diables et les furies par les dragons du bateau de Nantes et par cette *Alecton du couvent* préposée à la garde de Ver-Vert prisonnier, dont on se rappelle le portrait peu flatteur :

> Une converse, infante douairière,
> Singe voilé, squelette octogénaire,
> Spectacle fait pour l'œil d'un pénitent.

Quant au héros du poème, nous voyons en lui sans doute la merveille des perroquets, mais une merveille possible. Ver-Vert n'est point un de ces oiseaux de l'apologue à qui le poète donne fictivement la mémoire et la parole : il tient ces facultés de sa nature et de la conformation de ses organes. Nous lui supposons d'autant plus volontiers nos sentiments, l'affection, la haine, la joie, la douleur, qu'il les exprime avec notre langage, et, pour nous intéresser à son histoire, si semblable à celle d'un adolescent facile à la séduction, le poète n'a pas besoin de nous demander une crédulité de complaisance. Ver-Vert plaît et amuse au premier chant par ses mignardises et par le savoir mystique que les Visitandines lui ont appris. On rit franchement lorsqu'il scandalise le couvent de Nantes par les juremens et les propos de gargote empruntés au répertoire des dragons voyageurs, on compâtit aux peines de sa captivité, on se réjouit de son pardon, et lorsque enfin le pauvre oiseau, passant trop promptement de la diète au régal, expire sur un tas de dragées, on sourit encore, mais de ce sourire mouillé dont parle Homère, et qui prouve que le cœur n'a pas été insensible au naturel du récit.

L'auteur d'un Eloge de Gresset, envoyé au concours de l'Académie en 1781, a trouvé dans *Ver-Vert* d'autres motifs d'intérêt que nous ne saurions passer sous silence. « Ce poème, dit-il, n'est dans son sujet léger et badin qu'un transparent à travers lequel nous nous retrouvons nous-mêmes, nous et les passions qui nous sont toujours chères...... L'âme du poème, c'est l'amour, mais l'amour y est caché; le dieu est invisible, mais on sent sa présence et le charme répandu autour de lui. » Puis l'écrivain fait voir très-délicatement que l'Amour, dont Gresset ne prononce pas même le nom, exerce à leur insu son empire sur les jeunes vierges du couvent, et leur propose dans Ver-Vert un objet de douce illusion. « Un oiseau qui parle, ajoute-t-il, est un amant sensible qui nous répond. L'objet chéri frappe la nonne à son réveil; il est témoin de la toilette, il en est peut-être l'objet. On ne croit pas se parer pour lui; on sait encore moins qu'il est l'image d'un objet qu'on désire et qu'on ignore. Mais le lecteur, plus instruit que cette innocence intéressante, entend ce qu'on ne lui dit pas, et voit les causes dans les effets. »

Vous n'apprendrez pas sans intérêt, Messieurs, que le mérite de ces réflexions fines appartient à l'illustre Jean-Sylvain Bailly, qui, par ses travaux scientifiques et littéraires, obtint le privilége de siéger dans les trois premières académies du Royaume, et dont la carrière politique se termina par une mort si affreuse. En même temps que Bailly se présentait au concours d'Amiens, un avocat d'Arras envoyait aussi à nos devanciers un Eloge de Gresset. C'était une amplification prétentieuse et guindée dans laquelle on louait moins le talent du poète que les scrupules religieux qui lui avaient fait sacrifier une partie de ses ouvrages. A des invectives contre les philosophes et *leurs désolantes doctrines*, le concurrent, j'allais dire le prédicateur, avait joint une apologie pompeuse de la religion et de la piété personnifiées dans l'évêque d'Amiens. Puis, en avocat qui connaît ses juges, il n'avait point oublié de rendre hommage aux vertus royales et paternelles de Louis XVI. Or, ce bon apôtre, cet admirateur attendri des vertus de son roi, se nommait...... Maximilien Robespierre.

Je laisse ces noms auxquels se rattachent de si terribles souvenirs, et je reviens à *Ver-Vert* pour placer une dernière observation sur le style. En parcourant les épîtres de Gresset, sans doute on rend justice à la fertilité de sa veine, à l'originalité de ses portraits, à l'aisance prodigieuse avec laquelle il se joue des difficultés du rhythme, déroule et nuance le tissu des plus longues périodes; mais on peut signaler aussi des défauts correspondants à ces divers mérites, une abondance quelquefois stérile, la prodigalité des épithètes, la recherche de certains mots, l'abus de l'énumération, qui (dans la *Chartreuse*, par exemple), fait tourner au lecteur plusieurs pages avant que le point final lui permette de reprendre haleine. Aucun de ces reproches ne peut être adressé à *Ver-Vert*, où les qualités du poète se laissent seules apercevoir. La facilité du style n'y exclut pas la tempérance, la nouveauté y règne sans l'affectation, la finesse sans la subtilité. Si, pour me résumer sur un petit ouvrage où la langue poétique est légère, vive et charmante comme l'oiseau dont il raconte l'histoire; où, chose bien remarquable, le badinage ne dégénère jamais en licence, je dis que *Ver-Vert* est un inimitable bijou de notre littérature, j'ai la confiance de n'être démenti par aucun de ceux qui m'écoutent.

Après avoir marqué sa place avec tant d'éclat dans la poésie légère, Gresset devait s'illustrer aussi dans un genre plus difficile, plus élevé, la poésie dramatique. Sans m'arrêter sur Edouard III et Sidney, qui ne sont que de très-louables essais, j'ai hâte d'arriver au coup de maître, la comédie du *Mé-*

chant. Le novice des Jésuites, le littérateur de 24 ans avait fait la piquante satire du petit monde qui l'environnait. Un champ plus vaste s'ouvrit à l'observation du religieux affranchi et lancé dans les salons de la capitale. Mais combien son nouveau point de vue différait de l'ancien! Quelle sûreté de coup-d'œil, quelle souplesse de talent ne lui fallait-il pas pour produire un tableau ressemblant de la société qui s'offrait à ses pinceaux! Au lieu des petits travers, des ridicules innocents, qu'il châtiait autrefois d'une main légère et le sourire sur les lèvres, il avait alors à démasquer, à flétrir des vices, et quels vices! La corruption qui, après l'orgie de la Régence, visait au bel esprit, à l'élégance et au bon ton, l'égoïsme se proposant comme une vertu et prétendant à l'admiration, la méchanceté devenue un passe-temps, un art même, professé par quelques hommes du grand monde qui rendaient la leçon séduisante et s'attiraient de nombreux disciples.

Dans les *Lettres persanes*, Montesquieu fait rencontrer par Usbek un gentilhomme appartenant au Paris des dernières années de Louis XIV. L'un et l'autre se trouvent à la campagne, et le Persan raconte ainsi leur conversation. « Je suis venu à la campagne, me dit le gentilhomme, pour faire plaisir à la maîtresse de la maison, avec laquelle je ne suis pas mal. Il y a bien certaine femme dans le monde qui ne sera pas de bonne humeur, mais qu'y faire? Je vois les plus jolies femmes de Paris; mais je ne me fixe à pas une, et je leur en donne bien à garder : car, entre vous et moi, je ne vaux pas grand'chose. Apparemment, Monsieur, lui dis-je, que vous avez quelque charge ou quelque emploi qui vous empêche d'être plus assidu auprès d'elles? Non, Monsieur, je n'ai pas d'autre emploi que de faire enrager un mari ou de désespérer un père; j'aime à alarmer une femme qui croit me tenir, et la mettre à deux doigts de sa perte. Nous sommes

2.

quelques jeunes gens qui partageons ainsi tout Paris, et qui l'intéressons à nos moindres démarches. »

Le gentilhomme dépeint par Montesquieu n'était qu'un homme à bonnes fortunes : le Cléon de Gresset, qui fait autant de bruit dans le grand monde parisien, ne se borne pas à ce simple rôle.

> Toute femme m'amuse, aucune ne m'attache,

dit-il au second acte de la comédie ; mais les perfidies de ruelles ne lui suffisent pas : son génie pervers a besoin d'être plus largement occupé. Dans les cercles il défait spirituellement les réputations; au foyer des théâtres, il prononce sur les pièces nouvelles et les pulvérise par des épigrammes. Admis dans l'intimité d'une honnête famille, il flatte hypocritement les travers de ses hôtes, se joue de leur bonhomie par le persiflage, et, quand il les a bien aigris les uns contre les autres, il passe du salon à l'antichambre et brouille leurs valets : il brouillerait Philémon et Baucis dans leur cabane !

> Ne prétendez-vous donc qu'au triste amusement
> De vous faire haïr universellement ?

lui demande son fidèle Frontin. Ecoutez la réponse.

> Cela m'est fort égal : on me craint, on m'estime,
> C'est tout ce que je veux, et je tiens pour maxime
> Que la plate amitié dont on fait tant de cas,
> Ne vaut pas les plaisirs des gens qu'on n'aime pas :
> Être cité, mêlé dans toutes les querelles,
> Les plaintes, les rapports, les histoires nouvelles,
> Être craint à la fois et désiré partout,
> Voilà ma destinée et mon unique goût.

> Quant aux amis, crois-moi, ce vain nom qu'on se donne
> Se prend chez tout le monde, et n'est vrai chez personne,
> J'en ai mille, et pas un. Veux-tu que limité
> Au petit cercle obscur d'une société,
> J'aille m'ensevelir dans quelque coterie !
> Je vais où l'on me plaît, je pars quand on m'ennuie,
> Je m'établis ailleurs, me moquant au surplus
> D'être haï des gens chez qui je ne vais plus.
>
> . . . .

Dans un autre moment, Cléon résumera sa charmante morale par ces deux vers :

> Tout ce qui vit n'est fait que pour nous réjouir,
> Et se moquer du monde est tout l'art d'en jouir.

Composer une comédie avec un tel personnage, mettre en action ce caractère affreux sans le faire sortir des limites du genre et sans tomber dans la déclamation du drame, pallier la sévérité du sujet par toutes les ressources de l'esprit, par tous les agréments et les finesses du style, c'était assurément une tâche difficile et cependant notre poète l'a remplie avec succès.

Le *Méchant* a été l'objet de vives critiques, et malheureusement la plus célèbre de toutes, celle de Voltaire, s'est gravée dans nos mémoires par la spirituelle malice des vers qui la renferment. Gresset, obéissant à des scrupules religieux, avait en 1759 déclaré publiquement qu'il renonçait aux ouvrages de théâtre et qu'il se repentait du scandale causé par ses productions dramatiques déjà publiées. Voltaire s'empare de l'aveu dans la satire intitulée *le Pauvre Diable*, et lance à l'auteur du *Méchant* cette ironique consolation :

> Gresset se trompe, il n'est pas si coupable :
> Un vers heureux et d'un tour agréable

Ne suffit pas ; il faut une action,
De l'intérêt, du comique, une fable,
Des mœurs du temps un portrait véritable,
Pour consommer cette œuvre du démon.

Un vers heureux et d'un tour agréable :

L'éloge est assez mince pour ce style si vivement loué par Laharpe et qui faisait dire à Lemercier dans son Cours de littérature : « Piron et Gresset furent les seuls qui rivalisèrent une fois en style naturel et en pureté de langage avec la plume du père de la comédie. »

« Ce style, dit M. Villemain (dont le jugement va d'ailleurs répondre de tout point à la boutade satirique de Voltaire), ce style n'a pas la force comique de celui des grands maîtres ; mais il est à la fois une création originale et un tableau de mœurs. Je ne sais si par ce motif Gresset a dû se passer d'une intrigue dans sa pièce ; mais on s'aperçoit peu de ce défaut ; et par l'expression seule, il a fait à ravir ce que Voltaire lui reproche d'avoir manqué,

Des mœurs du temps un portrait véritable.

. . . .
. . . .

Le *Méchant* est la médaille des salons du xviii.ᵉ siècle, et Voltaire lui-même ne vous donnerait pas toute la langue spirituelle de ce temps, si vous n'aviez le *Méchant* de Gresset. »

Pour couronner de si flatteurs éloges, il nous suffira d'ajouter qu'un an après l'apparition du *Méchant*, l'auteur recevait la plus belle récompense de son chef-d'œuvre en prenant place à l'Académie française.

Personne ne conteste à Gresset la facilité brillante, la grace, la piquante malice, et je reconnais volontiers que ces qualités ont fait la fortune de la plupart des productions de notre poète; mais il s'est trouvé de rudes censeurs qui, en lui accordant le *molle atque facetum*, lui ont refusé ces hautes et philosophiques pensées si fréquentes dans les poésies de Voltaire, cet esprit sérieux qui, se préoccupant des idées et des tendances de son époque, permet au poète de plaire et d'instruire à la fois, enfin cette vigueur de talent qui remue fortement les âmes et les ravit.

Est-il vrai que les ouvrages de Gresset soient dépourvus de semblables mérites, ou bien les qualités dominantes de l'écrivain n'ont-elles pas offusqué les autres aux regards des critiques? C'est ce que je vais rechercher avec vous.

Je pourrais rouvrir le *Méchant* que j'ai fermé tout à l'heure, et demander s'il y a seulement une ingénieuse peinture dans cette satire de Paris faite par Cléon, et qui commence par ces mots : *Paris, il m'ennuie à la mort;*..... s'il y a seulement une estimable morale dans la scène où Ariste dévoile au jeune Valère l'abominable caractère de son faux ami? Vous me répondriez, j'en suis sûr, que la satire de Paris rappelle les portraits burinés du Misanthrope, et qu'Ariste flétrissant la méchanceté ne cède pas en nerveuse éloquence à Cléante flétrissant l'hypocrisie de Tartufe.

Mais j'abandonne la comédie de Gresset, je laisse à l'écart la tragédie d'Edouard où s'offriraient de vigoureuses parties, et, me bornant à feuilleter ses autres productions, j'ai à cœur de montrer que son instrument poétique ne manquait pas des cordes graves et puissantes. Lisez ses épîtres : il met souvent à profit la liberté du genre pour établir des contrastes très marqués et opposer à une douce mélodie des accords pleins de verve et d'éclat.

Dans la *Chartreuse*, après avoir décrit les avantages de la retraite et les charmes de l'étude, il passe en revue les différents rôles qu'il pourrait remplir dans le monde, et les caractérise par des traits qui justifient son aversion pour un changement d'existence. La profession d'avocat se présente à sa pensée; sans doute il l'envisage par le mauvais côté, mais voyons avec quelle force il en dénonce les périls et reproche tout à la fois au Parlement la complaisance de ses arrêts :

>Egaré dans le noir dédale
>Où le fantôme de Thémis,
>Couché sur la pourpre et les lis,
>Penche la balance inégale,
>Et tire d'une urne vénale
>Des arrêts dictés par Cypris,
>Irois-je, orateur mercenaire
>Du faux et de la vérité,
>Chargé d'une haine étrangère,
>Vendre aux querelles du vulgaire
>Ma voix et ma tranquillité,
>Et dans l'antre de la chicane,
>Aux lois d'un tribunal profane
>Pliant la loi de l'Immortel,
>Par une éloquence anglicane
>Saper et le trône et l'autel ?

Gresset, lorsqu'il écrivait la *Chartreuse*, appartenait encore aux jésuites. On sait maintenant que les supérieurs de l'Ordre, redoutant les suites de cette violente attaque contre le parlement, la déférèrent au cardinal de Fleury, et se décidèrent à expulser l'auteur de leur compagnie. Il faut convenir que le parlement les paya bien mal de ce sacrifice par son arrêt de 1762.

On trouve dans les éditions modernes de Gresset une épître intitulée *l'Abbaye*, qui s'annonce par cette épigraphe empruntée à Juvénal : *facit indignatio versum*. Si la pièce dont je parle n'exigeait un trop délicat commentaire, j'en citerais quelques passages, et vous verriez que la verve indignée du satirique latin est réellement passée dans les vers du poète français, et qu'il n'était pas aussi indifférent aux théories et aux problèmes remués par son siècle qu'un critique de notre temps l'a prétendu.

A la brûlante invective de l'Abbaye, convient-il d'opposer une page empreinte de grandeur et de sérénité? L'auteur des épîtres est assez riche pour nous la fournir. En 1738, pendant une maladie qui le mit au bord du tombeau, Gresset reçut les soins de sa sœur, Mme de Toulle. La reconnaissance dicta au convalescent une touchante composition où l'on rencontre ce passage :

> Je sors de ces instants de force et de lumière,
>   Où l'éclatante Vérité,
> Telle que le soleil au bout de sa carrière,
> Donne à ses derniers feux sa plus vive clarté ;
> J'ai vu ce pas fatal où l'âme, plus hardie,
>   S'élançant de ses tristes fers,
> Et prête à voir finir le songe de la vie,
>   Au poids du vrai seul apprécie
>   Le néant de cet univers.
>   Eclairé sur les vœux frivoles
>   Et sur les faux biens des humains,
> Je pourrois à tes yeux renverser leurs idoles,
> Les dieux de leur folie, ouvrage de leurs mains,
>   Et, dans mon ardeur intrépide,
>   De la Vérité moins timide,
>   Osant rallumer le flambeau,
> Juger et nommer tout avec cette assurance
> Que j'ai su rapporter du sein de la souffrance,
>   Et de l'école du tombeau.........

Plus loin les joies de la convalescence lui inspirent ces vers que distingue un enthousiasme si vrai :

>   O jours de la convalescence !
>   Jours d'une pure volupté !
>   C'est une nouvelle naissance,
>   Un rayon d'immortalité.
> Quel feu ! tous les plaisirs ont volé dans mon ame.
> J'adore avec transport le céleste flambeau ;
>   Tout m'intéresse, tout m'enflamme ;
>   Pour moi l'univers est nouveau.
> Sans doute que le Dieu qui nous rend l'existence,
>   A l'heureuse convalescence
> Pour de nouveaux plaisirs donne de nouveaux sens ;
>   A ses regards impatients
> Le chaos fuit ; tout naît ; la lumière commence ;
>   Tout brille des feux du printemps......

De telles citations me semblent suffisantes pour montrer que le talent de Gresset n'était pas circonscrit dans les bornes de la poésie gracieuse et badine dont *Ver-Vert* offre le modèle, et que notre auteur avait l'esprit assez étendu, l'âme assez généreuse et sensible pour qu'il pût rencontrer les grandes inspirations. Le cygne ne glisse pas toujours sur les eaux limpides, entourées de calmes ombrages, il a des aîles puissantes qui le portent quelquefois dans les hautes régions du ciel.

Je m'arrête, Messieurs. Vous entretenir de Gresset, lorsque les maîtres de la critique littéraire ont si disertement jugé ses ouvrages, repasser sur un champ moissonné avec tant d'exactitude, c'eût été dans toutes autres circonstances plus que de la témérité ; mais l'année séculaire que nous célébrons en ce moment, la cérémonie à laquelle nous allons assister, me dictaient naturellement l'éloge du poète. Dès-lors ma conscience s'est rassurée et je n'ai plus senti que les difficultés de ma tâche. Au reste, Messieurs, mon embarras tournait encore à la louange de Gresset, car si notre compatriote n'était pas au nombre des meilleurs écrivains, l'histoire littéraire se serait contentée d'effleurer ses œuvres au lieu de les approfondir et d'en épuiser l'apologie.

Ce discours terminé aux applaudissements de l'auditoire, M. le Secrétaire-Perpétuel a pris la parole pour présenter d'une manière générale les travaux de l'Académie depuis sa fondation ; — ce qu'il a fait en ces termes :

MESSIEURS,

Appelé en 1849 à l'honneur de vous rendre compte des travaux de l'année, et tout ému encore des hommages rendus à Du Cange par une Société, notre digne émule, je vous disais :

Nous aussi nous aurons un beau jour ! ce sera celui où dans notre cité nous verrons un marbre s'élever à la mémoire de notre fondateur. Ce sera un beau jour que celui où nous pourrons dire, en contemplant la statue de Gresset : Un siècle s'est écoulé depuis que notre poète inaugurait l'Académie ; après cent ans, il nous est donné de rendre illustration pour illustration, et c'est du sein de cette Société fondée par lui que sort le tribut glorieux d'un monument élevé à sa mémoire.

Ce jour est venu, Messieurs, estimons-nous heureux de le voir luire ; car l'expérience de la vie nous apprend que d'amères déceptions viennent trop souvent briser nos espérances les plus chères; soyons doublement reconnaissants; notre vœu s'est réalisé et il s'est accompli par les mains de l'un de nous.

La France doit à Gresset un tribut de reconnaissance, comme à tous les écrivains qui l'ont illustrée; qui ajoutant un rayon à l'éclat de sa gloire littéraire, ont rendu la langue française, la langue du monde civilisé.

La ville qui donna naissance à l'illustre poète lui doit aussi reconnaissance; c'est un nom de plus ajouté aux célébrités dont elle a droit de s'énorgueillir

Mais de tous les tributs payés à sa mémoire, le plus fervent, le plus profondément senti, c'est celui que vient aujourd'hui déposer aux pieds de sa statue l'Académie dont il fut le fondateur

Rien n'a manqué à la réputation de Gresset; les éloges se sont succédé, et les paroles que vous venez d'entendre complètent la série des hommages rendus à son mérite littéraire.

Qu'il me soit permis de vous le présenter sous un aspect moins brillant peut-être, mais non moins digne de nos hommages; qu'il me soit permis aujourd'hui de ne voir en lui que le fondateur de l'Académie.

Les œuvres de l'écrivain, du poète, sont restées ce qu'elles étaient en sortant de ses mains; c'est une riche moisson acceptée avec reconnaissance; mais serons-nous ingrats envers celui qui plante l'arbre dont les fruits sont promis à l'avenir?

Frondeurs ou envieux, quelques esprits ont nié l'utilité des compagnies savantes et littéraires; mais depuis longtemps ces détracteurs ont fait justice de leurs critiques, en offrant à ces compagnies le tribut de leurs veilles, soit avec le désir d'en faire un jour partie, soit dans l'espoir d'obtenir les récompenses dont elles honorent le talent.

Il est peu d'académies, je n'en excepte pas l'Académie

française, depuis si longtemps la gloire du pays, qui n'ait rencontré des obstacles à son début.

Chez nous, dans cette cité, de modestes réunions se formèrent d'abord pour cultiver les arts, les sciences et les lettres; mais du moment où elles durent limiter leur nombre ou circonscrire leurs admissions, elles trouvèrent des détracteurs dans ceux mêmes qui avaient brigué l'honneur d'y être admis. Tel fut le sort de l'Académie d'Amiens. La philosophie, la bonne philosophie même avait ses antagonistes ; de nombreuses difficultés furent suscitées; Gresset, membre alors de l'Académie française, les aplanit, et, au mois de juin 1750, il obtenait les lettres patentes qui constituaient l'Académie d'Amiens.

Le 1.er octobre de la même année, l'Académie recevait l'institution de son fondateur, dans une séance publique d'inauguration.

Gresset y prononçait un discours sur la liberté littéraire et philosophique, sur l'étendue que doit avoir cette liberté pour les progrès du génie et des arts, sur les bornes que la raison et la religion lui prescrivent.

Il terminait son discours par ces mémorables paroles :

(Je ne puis résister au désir de les lire dans le recueil authentique des actes de l'Académie, dans ce procès-verbal d'installation, dans ce sanctuaire qui renferme notre charte et qu'a consacré la signature de Gresset.)

« Les temps s'écoulent, disait-il, les races se succèdent,
» les hommes disparaissent, les villes se renouvellent. D'au-
» tres citoyens, nos neveux, nos enfants, porteront nos noms,
» habiteront nos murs, posséderont nos biens. Préparons
» leur un bien nouveau, un dépôt de lumières, de vertus et
» de gloire, un temple où dans tous les temps les préceptes
» de la raison, les sentiments, des mœurs et de la religion,
» soient réunis à la voix du génie, de tous les talents, de

» tous les arts. — Voilà les vrais biens, les biens inaltéra-
» bles et l'héritage le plus cher que nous puissions laisser à
» nos successeurs. — Transmettez-leur, Messieurs, dans tout
» son lustre et dans tous ses avantages, ce bien nouveau qu'ils
» tiendront de vous, et que vous ne tenez que de vous-mê-
» mes. — Que les jeunes citoyens, instruits par vos ouvrages
» et formés par vos exemples, apprennent à mériter de s'as-
» seoir un jour ici. — Qu'enflammés dès ce moment d'une gé-
» néreuse émulation, ils se pénètrent de l'amour des arts, du
» bien public, en voyant ces fêtes, ces honneurs, la joie et
» l'orgueil de la patrie. »

Vous le voyez, Messieurs, Gresset ne parle pas en ambitieux de recueillir un vain et frivole encens; il parle en citoyen, en homme qui aime son pays. — Il appelle sur sa ville natale toutes les prospérités qu'entraîne avec lui le culte des beaux-arts, il veut que l'institution dont il pose les bases ait en vue l'utilité publique; en apportant la prérogative, il prescrit les devoirs, il trace la route à suivre.

Ne nous sera-t-il donc pas permis, à nous dont la mission est chaque année de rendre compte à nos concitoyens de nos travaux, de jeter un coup-d'œil rétrospectif sur ceux de nos prédécesseurs, pour établir que l'Académie a été fidèle à son institution, qu'elle a dignement parcouru la carrière ouverte devant elle.

A Dieu ne plaise, Messieurs, que par un *compte-rendu* froidement analytique je retarde le moment impatiemment attendu de la fête de ce jour; mais serait-ce vous en détourner que de consacrer de courts instants à signaler quelques-uns des heureux résultats par lesquels vous avez répondu aux vœux, aux espérances de votre fondateur, au titre enfin d'*Académie des Sciences, des Belles-Lettres et des Arts* qui vous fut conféré?

A peine installée, l'Académie créait un jardin de botanique, et un Cours de cette science, si pleine d'attraits, était professé par l'un de ses membres; institution qui n'a point déchu, carrière nouvelle dans laquelle le jeune Duméril, enfant de la cité, remportait la palme du concours et préludait ainsi aux succès qui l'ont porté au poste éminent qu'il occupe.

Bientôt, et sous le même patronage, un Cours de chimie est institué; c'est encore un membre de l'Académie qui enseigne cette science alors bien imparfaite, sans doute, mais qu'on voit grandir, se développer et surprendre, pour ainsi dire, les secrets de la nature, sous l'impulsion que lui donnent les Lavoisier, les Fourcroy, les Chaptal.

Quelques villes ont le privilége des Cours de droit; mais une ville industrielle doit initier tous ses enfants aux droits, aux règles, aux devoirs qui régissent l'industrie; c'est encore à l'Académie que la cité devra l'institution du Cours de droit commercial confié aux soins d'un jurisconsulte pris dans son sein. Mais en même temps, n'oubliant pas que les beaux-arts sont dans ses attributions, qu'ils procurent les plus douces et les plus pures jouissances, elle vient, comme contre-poids d'une étude sévère, établir sous la direction d'un de ses membres, créateur d'une méthode facile, un Cours de lecture musicale.

C'est avec bonheur que reportant nos yeux sur le passé, nous voyons notre Académie prendre l'initiative du progrès.

A l'aspect de la magnificence des expositions nationales qui font maintenant la gloire du pays, on croirait que notre patrie fut le berceau des arts, et cependant moins d'un siècle s'est écoulé depuis cette année 1772, dans le cours de laquelle M. Baron proposait, au sein de notre Académie, l'établissement d'un salon royal des beaux-arts à Paris et dans les provinces. N'est-ce pas à cette institution des musées destinés à conserver et offrir à notre admiration les chefs-d'œuvre anciens et modernes, source intarissable d'inspirations et d'études pour les artistes, que sont dues les productions ravissantes qui, dans les beaux-arts, nous placent au premier rang des écoles modernes?

A peine cet agent si puissant de la nature, ce moteur universel de l'organisation de tous les corps, l'électricité, était découvert, qu'il provoquait au sein de l'Académie des dissertations aussi profondes que le permettait alors l'état peu avancé d'une science nouvelle; et que des expériences y étaient faites sur l'application à la médecine du fluide dont le hasard venait de révéler l'existence.

Partout l'art de guérir exige des études tout à la fois sérieuses et variées. Faut-il donc s'étonner de voir figurer dans nos rangs, à toutes les époques, les sommités du corps médical?

L'examen de vos annales prouve qu'elles y ont largement payé leur tribut en y consignant soit des faits du plus haut intérêt pour la pratique, soit des observations physiologiques dans lesquelles la science puise toujours ses plus sûrs enseignements.

L'histoire du pays, la statistique de la contrée, son histoire naturelle, sa géologie, ont été tour à tour l'objet des méditations de nos prédécesseurs, et nous occupent encore aujourd'hui. Elles ont produit une foule d'intéressants mémoires dont vos archives se sont enrichies et que nous consultons avec fruit, pour constater la marche du progrès en civilisation, en industrie, en agriculture.

Là reposent les premières études sur le port de Saint-Valery, sur la baie de Somme, sur le canal de Lyonne, devenu le canal de Saint-Quentin, qui joint l'Escaut à la Somme; monument durable du règne de Napoléon, et dont l'utilité a survécu à l'éclat de ses victoires.

Non moins attentive aux intérêts du commerce, et comprenant que la liberté en était l'âme, l'Académie, dès 1754, signalait les obstacles que les corporations pouvaient apporter au développement de l'industrie, et indiquait, longtemps avant qu'elle fût sanctionnée par la législation, cette réforme reconnue nécessaire par les publicistes; mais en même temps elle proposait l'établissement d'une école des manufactures, des arts et métiers. Ainsi, nous la voyons devançant le progrès, en indiquer la voie et y entrer elle-même dans les limites de sa sphère d'activité.

Vouée à l'examen de toutes les questions qui se rattachent à la prospérité du pays, l'agriculture, source de tant de richesses dans cette province où la fertilité du sol est devenue proverbiale, ne pouvait être pour l'Académie un sujet indifférent. Plus la nature nous donne, plus elle nous invite à lui demander. Négliger les moindres parcelles d'une terre si favorisée, c'est se montrer ingrat. Rendre à la culture les terrains négligés, c'est agrandir le territoire. Si l'Océan, par l'effet d'un mécanisme dont les causes étudiées sont à peine connues, abandonne nos rivages, la charrue doit suivre le flot qui se retire, et, comme il eût été permis de le dire, quand on ne rougissait pas d'être classique, Cérès doit poursuivre Neptune. Le desséchement des marais, et notamment celui du Marquenterre, réalisé depuis, occupa longtemps l'Académie.

L'agriculture est une science des plus stationnaires; elle semble participer de l'immobilité du sol, de l'ordre immuable des saisons; il faut lutter contre les habitudes, il faut combattre des préjugés, pour empêcher que le sillon de la charrue ne devienne l'ornière de la routine. Ce succès fut obtenu par plusieurs de nos prédécesseurs qui firent prévaloir de nouveaux procédés et l'introduction de nouvelles cultures.

Le bien public peut aussi réclamer une grande part dans vos travaux. Aux études des eaux, sous le rapport de la salubrité, succéda celle des épidémies locales et des moyens de les combattre. Bien avant l'institution des officiers de santé, en 1784, l'un des membres de l'Académie (mon aïeul, s'il m'est permis de le dire), recherchait les moyens de donner de meilleurs chirurgiens aux campagnes. — Dès 1787, l'administration de la justice criminelle, si défectueuse alors, était étudiée, et dans cette étude vous appeliez l'institution du jury. — Les causes de la mendicité et les moyens d'extirper cette lèpre du corps social étaient soigneusement examinés. — Partout où nous voyons aujourd'hui un progrès de civilisation accompli, nous en trouvons la pensée ou le germe dans les annales de cette compagnie.

La bienfaisance et l'humanité y recevaient l'hommage d'un culte particulier; M. De la Tour, dont le nom sera toujours révéré, avait fondé un prix destiné à récompenser la plus belle action ou la découverte la plus utile. Au milieu de ces fléaux qui dévastent la terre et affligent l'humanité, vous étiez heureux d'opposer comme une compensation, et de couronner ces dévouements, grands comme les circonstances qui les font naître. De toutes les prérogatives qu'engloutit la tempête révolutionnaire de 1793, de toutes les pertes qu'elle vous a infligées en vous dispersant, la plus sensible fut celle qui vous ôta le pouvoir de récompenser la vertu.

Mais au milieu de tant d'utiles travaux, ne croyez pas que la littérature fût négligée. — Déserter la poésie, n'eût-ce pas été une ingratitude, un outrage à la mémoire du poète fondateur? Il n'en fut pas ainsi; presque toutes les séances étaient marquées par un tribut littéraire. Aux mémoires savants succédaient les discours fleuris, aux projets utiles les vers harmonieux. Tantôt la poésie légère, à l'instar de celle du maître, y secouait les paillettes dorées de ses aîles brillantes; tantôt l'ami de Gresset, le vénérable De Wailly, y faisait applaudir, dans une élégante et fidèle traduction, les beaux vers de Virgile, ou reproduisait avec une heureuse originalité et cette vigueur de coloris qui les caractérise, les odes d'Horace.

Si j'avais à relever le mérite des Académies, l'utilité des sociétés savantes, sujet si souvent et si heureusement traité, je dirais qu'il repose non-seulement dans leurs propres travaux, mais dans ceux qu'elles provoquent.

L'émulation est, chez les hommes que la nature a doués du germe du talent, le sentiment qui les conduit à de brillants succès. Point d'artistes, de poètes, sans amour-propre. C'est en créant de nobles rivalités par l'offre de récompenses glorieuses, que vous pouvez revendiquer une part, sinon du mérite, au moins de l'utilité des œuvres que vous avez couronnées.

L'énumération des sujets de prix mis aux concours depuis un siècle, serait un de vos titres les plus certains à l'estime, une des preuves les plus éclatantes de votre zèle à remplir la mission qui vous fut confiée.

Poésie, beaux-arts, religion, haute philosophie, humanité, commerce, industrie, bien public, éloge de nos illustrations, tous ces nobles sujets deviennent ceux de vos concours. Dignement traités, il sont la richesse de vos archives, l'ornement de vos publications. Tantôt les lauréats reçoivent, comme leur plus douce récompense, l'honneur de prendre place parmi vous; tantôt décorés du titre de correspondants, d'associés, ils étendent autour de vous ce foyer d'activité, ce rayonnement de l'intelligence dont la force vivifiante tend à la perfectibilité, attribut sublime et précieux de la race humaine.

Compulsez vos annales, Messieurs, et soyez fiers d'y rencontrer des noms comme ceux de l'illustre auteur de l'Esprit des Lois et des Lettres persanes, des Clairaut, des Bélidor, des Delille, des Delalande, des Delambre, des Chaptal, des Duméril, des Nodier, qui se sont honorés de s'associer à vos travaux, d'établir avec vous une solidarité de pensées et d'efforts.

Effrayé de la tâche que vous m'aviez imposée, Messieurs,

celle de remonter à l'origine de votre institution, de vérifier la série de vos travaux pendant un siècle, je l'ai entreprise d'abord avec le sentiment de mon insuffisance; mais plus j'avançais dans cet examen, plus l'intérêt qu'il m'inspirait relevait mon courage.

Au point de départ j'ai vu quels devoirs Gresset vous avait imposés en vous léguant son héritage ; mais aussi quelle récompense de cet examen du premier siècle de votre existence, lorsque je le trouve marqué par tant d'heureux résultats, lorsque je puis dire hardiment et avec impartialité que ces devoirs ont été remplis, que vous avez réalisé les espérances et atteint le but de votre institution.

Ne formons plus qu'un vœu, Messieurs : Puisse la période séculaire que nous venons d'ouvrir par cette imposante solennité, s'accomplir comme celle écoulée ; puisse une célébrité nouvelle, née dans nos murs, mériter les honneurs du marbre ou du bronze, et les recevoir d'une main sortie de vos rangs ; puissent nos descendants, en 1950, dire, comme nous le disons de nos prédécesseurs, que nous avons été fidèles à la noble mission qui nous fut confiée par notre fondateur.

Ce discours est accueilli par d'unanimes applaudissements.

M. Berville, invité par M. le Directeur à prendre la parole, répond à cette invitation par les vers suivants :

A M.ʳ A. BREUIL,
DIRECTEUR DE L'ACADÉMIE D'AMIENS,

Qui me demandait de lire à cette séance quelque chose de court et de gai.

De notre académie éloquent interprète,
A l'esprit toujours libre, à la voix toujours prête ;
Vous, choisi pour offrir, en nos solennités,
A Du Cange, à Gresset des lauriers mérités,

Quoi! vous voulez encor que ma veine épuisée
Du public notre juge affronte la risée!
Lorsque, par leurs discours, de doctes orateurs
Viennent d'affriander leurs heureux auditeurs,
Il faut que du sifflet sollicitant l'insulte,
J'apporte ici des vers....., vers de jurisconsulte,
Eclos parmi les sacs, et qui, pour mon loyer,
Au palais, tout d'un temps, me feront renvoyer!
Il faut qu'en cette enceinte, en face de nos maîtres,
J'aligne deux par deux mes humbles hexamètres,
Et pour ne point fâcher l'auditeur fatigué,
Il faut que ce soit court, il faut que ce soit gai!
Court!.. pour un avocat la chose est peu facile.
On sait de nos pareils la faconde indocile
Qui, ne pouvant tenir dans vos cadres étroits,
Abrège en trente mots ce qu'on dirait en trois.
Gai!.... par le temps qui court ma gaîté n'est pas forte.
Je ne suis pas de ceux qui disent: que m'importe!
Quand les flots mutinés s'ouvrent pour submerger
Le vaisseau sur lequel je vogue en passager.
Je vois de vingt partis la folle intolérance
En vingt minorités déchirer notre France,
Tandis qu'un monstre est là, guettant pour les happer
Ces morceaux, que pour lui l'on prend soin de couper;
Monstre sans nom, sans forme, et sans cœur et sans tête,
Pour aller au cahos évoquant la tempête...
Mais à vous obéir quand j'oserais penser,
Où trouver un sujet qui puisse intéresser?
Gresset, pour qui s'émeut cette foule empressée,
Seul a droit à présent d'occuper la pensée.
C'est le saint qu'en nos murs nous fêtons aujourd'hui:
Il est là; tous les yeux sont attachés sur lui:
Chacun, avec transport, aux pieds de son image,
Vient poser sa couronne et porter son hommage.
A travers ce concours irai-je me jeter;
Et si je l'essayais, qui voudra m'écouter?

— Eh bien, me direz-vous, prenez-y part vous-même,
Parlez de cet auteur qu'on admire et qu'on aime,
Montrez-le jeune encor et presqu'adolescent,
Vainqueur de cent rivaux dès son essor naissant;
Polissant, sous le froc, au fond d'un monastère,
Ce chef d'œuvre si fin qu'eût avoué Voltaire,
Et sa douce *Chartreuse*, œuvre d'un talent mûr,
Plus penseur, plus complet, plus ferme et non moins pur.
Montrez-le, sur la scène, en traits pleins de génie,
D'un vice détesté peignant l'ignominie,
Semant ces vers *trouvés*, poétique trésor,
Que garde la mémoire et que l'on cite encor :
Puis enfin, parmi nous, à son berceau fidèle.
Des modestes vertus rapportant le modèle
= Oui, le sujet est beau ; mais tant de fois traité !
Dois-je ici répéter ce qu'on a répété,
Et lorsque maint critique est là qui nous épie,
D'un portrait peint cent fois copier la copie.
Encore, en ces guérêts, si souvent moissonnés,
Quelques épis restaient : vous les avez glanés.
On me dit *commencez*, quand la besogne est faite !
— Mais Gresset n'est pas seul le héros de la fête.
Oublieriez-vous celui dont l'habile ciseau
De Nattier sur le marbre a traduit le tableau ?
Amiens va recevoir, double et noble conquête,
Des mains de son sculpteur les traits de son poète.
Chantez l'homme inspiré, dont les talents heureux
S'étaient cachés vingt ans dans un bureau poudreux ;
Qu'un céleste rayon visite à l'improviste,
Qui s'endort financier, qui se réveille artiste !
Quel beau texte à l'éloge ! — Eh ! que veut-on de mieux ?
Son éloge ! il est fait ; il est là, sous vos yeux.
Il est dans cette image élégante et fidèle
Qui, sous quelques instants, nous convoque auprès d'elle ;
Dans ce marbre éloquent, où notre œil enchanté
Voit s'allier la grâce avec la vérité.

N'est-ce pas pour l'artiste une gloire suprême
Qu'on dise : « Son éloge est dans son œuvre même ? »
Vous insistez ?... Eh bien! daignez jeter les yeux
Sur l'auditoire illustre accouru dans ces lieux.
Voyez qui nous entoure, et dites-moi, de grâce,
Quelle figure ici vous voulez que je fasse.
Moi, venir devant vous poser en fanfaron,
Moi, rimeur de hasard et poète marron !
Echappé du prétoire, et dès l'aube prochaine,
Forçat, réduit peut-être à reprendre ma chaîne;
Qui, pour muse ai Cujas¹, pour Pégase un huissier,
Le barreau pour Parnasse, et pour lyre un dossier,
Infliger au public ma rime faible et dure,
Qui respire le code et sent la procédure!
Et quel public encor? ces doctes députés
Que l'Institut dispense à nos solennités,
De l'art et du bon goût soigneux dépositaires,
Seigneurs du beau langage et princes littéraires!
Non, non, c'est à vous seul, à vous cher Directeur,
A vous, poète aimable, élégant orateur,
Qu'il appartient d'offrir à leur présence amie
L'hommage qu'elle attend de notre Académie.
Pour vous, en prose, en vers, vous parlez toujours bien.
Moi, je ne puis rien faire, et je ne lirai rien.

Ces vers, fréquemment interrompus par de vifs applaudissements, terminent la première partie de la séance. M. le Directeur annonce que l'Académie, conformément au programme, va se transporter à la Bibliothèque communale, pour y faire offrande à la ville en la personne de M. le Maire, de la Statue de GRESSET.

INAUGURATION DE LA STATUE.

Le cortège, composé de MM. les Membres de l'Académie, de MM. les Délégués de l'Académie française, des Autorités civiles et militaires, précédé et suivi d'un détachement de la garde nationale et de la musique de la légion, se rend à la Bibliothèque où l'attendait un auditoire nombreux, et se range autour de la Statue de Gresset élevée sur un piédestal au bas des degrés du péristyle et recouverte d'un voile.

Les colonnes de la Bibliothèque avaient été, par les soins de la Société d'horticulture, ornées de guirlandes de feuillage; des arbustes précieux et des fleurs remplissaient les intervalles.

Au signal donné par la musique de la garde nationale et par une salve de cinq coups de canon, le voile de la Statue est enlevé; l'œuvre de M. Forceville est saluée de bravos réitérés et de vifs applaudissements. — Lorsque le silence est rétabli, M. le Directeur de l'Académie prend la parole et s'adressant à M. le Maire, lui dit :

« Monsieur le Maire,

» Notre ville fière des illustrations si diverses dont elle a été le berceau, leur rend avec le même empressement les mêmes honneurs. En 1849, la Société des Antiquaires de Picardie élevait un monument à Du Cange, et le président de l'Académie des Inscriptions et Belles-Lettres la félicitait de couronner dans l'auteur du *Glossaire*, *non seulement un érudit de génie, mais le génie même de l'érudition*. Aujourd'hui l'Académie d'Amiens, dont Gresset fut le fondateur, érige à ce charmant poète un monument qui atteste à la fois son admiration et sa reconnaissance.

» La fête de la poésie ne pouvait avoir moins d'éclat que celle de la science. L'Académie française, qui compte Gresset parmi ses anciens membres, s'est empressée de répondre à notre invitation; elle vient saluer avec nous cette statue et sanctionner, par un hommage rendu à la mémoire du poète, la glorieuse distinction dont l'auteur du *Méchant* fut autrefois l'objet.

» Tout à l'heure, en louant Gresset dans une autre enceinte, j'ai réservé l'éloge de son statuaire. M. Forceville a reproduit avec bonheur la physionomie douce et fine du portrait que nous devons au pinceau de Nattier; un léger sourire se joue sur les lèvres de Gresset qui compose et va tracer un de ses gracieux poèmes. L'artiste, par ses précédents ouvrages, spécialement par ses bustes de Delambre et de Blasset, avait déjà fait preuve d'un beau talent : les encouragements l'ont conduit à tenter une œuvre plus hardie, et le succès couronne pleinement ses nouveaux efforts.

» Honneur donc à M. Forceville ! Jadis, l'Académie était obligée de confier l'exécution du buste de Gresset au ciseau d'un sculpteur étranger : elle éprouve aujourd'hui un sentiment d'orgueil bien légitime en montrant dans l'auteur de la statue non seulement un compatriote, mais encore un membre de sa section des beaux-arts.

» Après avoir reconnu le mérite de l'artiste et le désintéressement parfait avec lequel il a offert son talent et son zèle, nous adresserons nos remerciements sincères à MM. les Ministres de l'Intérieur et de l'Instruction publique. Le premier, en donnant le bloc de marbre, le second, en ajoutant un don en argent aux souscriptions de l'Académie, ont puissamment favorisé l'exécution de la statue. Notre gratitude est également acquise à l'administration que vous présidez, M. le Maire: c'est à la bienveillance du Conseil municipal que nous sommes redevables de ce piédestal.

» Qu'il nous soit permis de remercier encore la digne famille de Gresset, qui, en faisant frapper une médaille, a voulu perpétuer le souvenir de l'inauguration, et ceux de nos concitoyens qui, en honorant par des fêtes brillantes la mémoire du poète, n'ont pas oublié que la bienfaisance était une de ses vertus.

» Au moment où nous faisons hommage à la ville d'Amiens de ce monument impérissable, nous oserons, M. le Maire, vous exprimer un désir. La statue de Gresset n'étant point destinée à orner une place publique, doit occuper la grande salle de la Bibliothèque. Nous espérons que lorsque la ville établira le Musée qui lui manque, elle assignera au marbre offert par nous une place d'honneur répondant à la solennité de cette inauguration. »

M. le Maire répond en ces termes à M. le Directeur:

« Messieurs,

» Il y a deux ans, presque à pareil jour, je recevais au nom de la ville d'Amiens la statue de Dufresne Du Cange, et, en même temps que je remerciais la Société des Antiquaires de Picardie du monument dont elle enrichissait la cité, je me félicitais du concours bienveillant que l'Académie des Inscriptions et Belles-Lettres voulait bien donner par sa présence à cette solennité scientifique.

» Il y a deux ans nous honorions la mémoire de l'érudit infatigable qui, par la multiplicité de ses travaux, a prouvé que les forces de l'esprit humain n'avaient pour ainsi dire pas de limites? Aujourd'hui nous inaugurons la statue élevée à Gresset, à un autre enfant d'Amiens, au poète gracieux, à l'esprit charmant, qui a eu l'honneur si envié de faire partie de l'Académie française, de ce corps illustre, dont nous sommes heureux de posséder une députation dans nos murs.

» La statue qui nous est offerte par l'Académie des Sciences, Agriculture, Commerce, Belles-Lettres et Arts du département de la Somme, et que nous acceptons avec la reconnaissance qui est due à toute pensée généreuse, a d'autant plus de prix pour nous qu'elle est l'œuvre d'un membre de cette Académie, d'un homme qui, sans maître et par les seuls efforts d'une énergique volonté, a vaincu les obstacles, et sort triomphant, on peut le dire, de la lutte qu'il avait engagée avec lui-même.

» Si MM. les Ministres de l'Intérieur et de l'Instruction publique avaient pu se soustraire un instant à leurs nombreux travaux, ils eussent applaudi comme nous au talent désintéressé du statuaire, talent qui, en attendant une autre récompense, trouve une première et légitime satisfaction dans une approbation unanime.

» L'empressement mis par le Conseil municipal à voter les dépenses du piédestal de la statue et toutes celles que nécessitent deux journées de fêtes publiques, est la preuve de son estime pour l'habile ciseau de M. Forceville.

» Puisse son œuvre, momentanément déposée dans ce temple élevé à l'étude, figurer bientôt au sein d'un Musée digne de l'importance de cette ville.

» En émettant ce vœu, j'ai la certitude de parler avec l'assentiment général et l'espérance que le calme et l'ordre nous permettront de réaliser nos projets dans un avenir prochain.

» Messieurs de l'Académie française, votre présence nous honore. Permettez-moi de vous en remercier de nouveau. Par votre constance à livrer une guerre sainte, si je puis me servir de cette expression, à cette littérature ampoulée, vaine et déclamatoire, née de la corruption de certains esprits, vous faites acte de patriotisme, et, en éclairant l'esprit public, vous acquérez des titres incontestables à la reconnaissance du pays. »

Après les deux discours qui consacrent le don de la Statue à la ville par l'Académie et l'acceptation au nom de la cité, M. Ancelot, représentant M. le Directeur de l'Académie française, prononce le discours suivant :

« Messieurs,

» Les trois quarts d'un siècle se sont écoulés depuis que la tombe se ferma sur les restes mortels du poète dont vous honorez aujourd'hui la mémoire. A une époque où des esprits chagrins pourraient penser que parfois, en décernant de semblables honneurs, l'enthousiasme contemporain, bien excusable sans doute dans sa généreuse précipitation, se hâte peut-être un peu de devancer le jugement de la postérité, vous n'avez rien à craindre, vous qui avez dû l'attendre. La postérité est venue pour votre illustre concitoyen, et elle a prononcé.

» Voici, Messieurs, en moins de deux années, la seconde fête nationale à laquelle votre cité a bien voulu convier l'Institut de France. C'est que si la ville d'Amiens est fière à bon droit d'avoir vu naître le savant philologue qui porta dans l'érudition l'audace pénétrante du génie et l'opiniâtreté féconde d'une infatigable investigation, elle n'est pas moins sensible à l'illustration littéraire. Elle a des couronnes pour les triomphes de tous ses enfants ; elle aime à se parer de toutes ses gloires.

» Il me conviendrait moins qu'à tout autre de disputer aux compatriotes de Gresset le droit de rappeler ici, avec détail, les titres éclatants et divers de l'écrivain gracieux, brillant et pur, de l'excellent citoyen et de l'homme vertueux, à ce tribut de respect et d'admiration que lui paie aujourd'hui sa ville natale, qu'il a si constamment, si sincèrement aimée. Mais l'Académie française qui compta l'auteur du *Vert-Vert*, de la *Chartreuse* et du *Méchant* au nombre de ses membres, et qui se plaît à s'en souvenir, tient à honneur d'apporter sa part dans ces hommages publics rendus au talent ingénieux, à l'esprit fin et délicat, à la grâce aimable, au poète enfin qui mérita d'être cité comme un modèle d'élégante facilité, de bon goût et de bon langage.

« Si ces qualités éminentes commandèrent de tout temps les suffrages et l'estime des esprits éclairés, jamais peut-être il ne fut plus utile et plus opportun de les glorifier actuellement aux yeux de tous. Il est des époques, dans la vie littéraire des peuples, où l'éloge du bien, du simple et du vrai ressemble à une protestation. Serait-il téméraire d'ajouter, Messieurs, que nous sommes à une de ces époques? Ne subissons-nous point une de ces crises que le goût éprouve après s'être perfectionné? La satiété du beau amène la manie du singulier ; mais le singulier devient vulgaire à son tour ; les esprits blasés se lassent vite. Il faut marcher pourtant ; car on ne s'arrête pas dans cette voie. La fantaisie, devenue la seule règle et la loi unique, conduit bientôt à l'extravagance, et l'on traverse l'absurde pour arriver à la barbarie. Irons-nous jusque là? Non, Messieurs. Et parmi les symptômes consolants qui nous rassurent, nous nous plaisons à compter cette solennité littéraire, ces honneurs qu'obtient de vous le respect des saines doctrines et des principes conservateurs de l'art, dans la personne du poète qui mit sa gloire à y rester fidèle.

» Quand Gresset parut, des signes précurseurs d'une prochaine décadence affligeaient déjà les amis des lettres. Aussi, les deux premières productions qui le révélèrent, furent-elles accueillies par eux avec un véritable enthousiasme qui se propagea promptement, et l'Europe entière applaudit bientôt à *Vert-Vert* et à la *Chartreuse*. On s'étonna de trouver dans ces œuvres d'une originalité si piquante, échappées des murs d'un collége, tant de grâce légère et de bon goût, de délicatesse et d'exquise plaisanterie; qualités précieuses dont l'auteur conserva toujours le secret, et auxquelles il sut joindre, dans d'autres poésies, une sensibilité vraie, une franchise d'esprit et un abandon de l'âme, qui font estimer et aimer l'homme, en même temps qu'on admire l'écrivain.

Même dans des productions moins heureuses, dont la forme grave et le ton sévère ne convenaient peut-être pas aussi bien à l'aptitude naturelle de son génie, votre illustre concitoyen se distingue encore par cette pureté du langage, cette correction ornée du style, qui s'unirent plus tard au mérite de concevoir et de développer un caractère, à l'art de surprendre les mœurs particulières d'une époque sous l'éblouissant vernis qui les recouvre, au talent de saisir et de peindre les ridicules, pour placer le plus important de ses ouvrages au premier rang, après les immortels chefs-d'œuvre de notre scène comique. Le *Méchant* ramena sur le Théâtre-Français, alors envahi par le faux goût, par le jargon prétentieux et la sensiblerie larmoyante d'un genre bâtard, le ton, l'esprit et le dialogue de la vraie comédie; de celle qui nous attache par la vue de nos propres travers, déride la raison, réchauffe la morale, alarme les sots, venge la vertu en flétrissant le vice, et déguise, sous le voile d'une action enjouée, les préceptes de la plus saine philosophie

» La comédie de Gresset, peinture fidèle des usages, des mœurs et du langage de ce qu'on nommait le monde, pendant et après la régence, dut surtout le succès durable qu'elle obtint à l'éclat des pensées, à la finesse des aperçus, et au charme constant de la poésie. Peu de pièces ont fourni autant de vers qui, devenus proverbes en naissant, aient mérité de rester dans toutes les mémoires, et de vivre éternellement, comme l'expression brillante et concise d'une pensée juste, d'une vérité trouvée, d'une observation souvent neuve, toujours ingénieuse, et quelquefois profonde.

» Que ne devait-on pas attendre de l'écrivain dont le début dans un genre si difficile était marqué par un semblable triomphe? Il s'est arrêté là pourtant. Les principes sévères et les inspirations d'une piété fervente, qui ne l'avaient point abandonné au milieu du monde, le livrèrent aisément aux rigides conseils d'une amitié dont le zèle austère s'inquiétait plus de son salut que de sa gloire. Il s'éloigna brusquement d'une carrière où il avait cueilli une si noble palme, et non content de condamner sa muse à un silence de dix-huit années, il livra aux flammes différentes productions, parmi lesquelles nous avons à déplorer la perte de trois comédies, dont les titres seuls nous sont restés. Nous avons le droit sans doute de nous affliger, tout en les respectant, de ces scrupules religieux qui nous ont privés de tant d'œuvres si sévèrement jugées par l'auteur lui-même, mais, quelquefois aussi, ne pourrions-nous pas regretter, de nos jours, que ces scrupules aient si complètement disparu de la conscience des écrivains?

» C'est dans sa ville natale, au milieu de ses concitoyens, au sein de cette Académie d'Amiens qui s'honorera toujours d'avoir dû la naissance aux patriotiques efforts de l'auteur du

Méchant, que Gresset voulut passer ces années de retraite et de repos qu'il dérobait aux agitations du monde et aux luttes du théâtre, pour les consacrer à la pratique de toutes les vertus. La savante compagnie dont il était le fondateur et le père, reçut seule alors les dernières et rares confidences du poète, et sa mémoire en conserva religieusement quelques-unes que nous a transmises la pieuse indiscrétion de ses souvenirs. Que l'Académie d'Amiens en soit remerciée au nom des Lettres françaises! Ce n'est pas un des moindres services qu'elle leur ait rendus. Elle a bien mérité d'elles encore en s'associant activement à la solennité littéraire qui nous rassemble aujourd'hui autour de cette statue.

» Ces récompenses nationales décernées à un beau talent et à un noble caractère ne sont pas seulement une dette dignement payée; elles sont aussi un exemple et un encouragement. Les jeunes écrivains dont les regards s'arrêteront sur ce marbre sentiront s'éveiller en eux une ambition généreuse et une féconde émulation; car, du haut de son piédestal, l'image respectée du poète élégant, harmonieux et correct, de l'auteur ingénieux, et de l'homme de bien leur dira : Quels que soient les fugitifs entraînements de la mode, les vicissitudes du goût, les brillantes admirations des coteries et les défaillances passagères de la morale publique, la postérité reconnaissante et juste aura toujours des souvenirs et des palmes pour l'homme qui se distingua par le triple mérite de bien penser, de bien faire et de bien dire. »

Après quelque temps donné à l'examen de la Statue comme œuvre d'art, et un nouveau morceau de musique, le cortège se sépare pour se réunir le soir à un banquet offert par l'Académie à MM. les Délégués de l'Académie française. A ce banquet assistent les autorités, les colonels des corps militaires et de la garde nationale, et plusieurs notabilités scientifiques et littéraires, ainsi que M. Boistel de Belloy, fils, seul représentant de la famille de Gresset qui ait pu se rendre à l'invitation de l'Académie.

Vers la fin du Banquet, M. Breuil, directeur, porte le toast suivant :

A L'Académie Française !

« L'Académie d'Amiens n'oubliera jamais que l'Académie Française est venue prendre part à l'inauguration de la statue de Gresset. Le souvenir de sa présence parmi nous, et des sentiments de bienveillance si éloquemment exprimés dans le discours que nous avons entendu, sera un puissant encouragement dans les travaux de l'avenir.

» L'honorable directeur de l'Académie française, M. Dupaty, nous a écrit qu'il aurait vivement désiré accompagner ses collègues à Amiens, mais que l'état de sa santé l'empêchait de réaliser ce désir. Nous prions MM. les membres de la députation de vouloir bien lui porter l'expression de nos regrets et de nos vœux sincères pour son rétablissement.

» A l'Académie Française !! »

M. Nisard, membre de l'Académie française, répond à ce toast en ces termes :

« Messieurs,

» Je dois à une circonstance regrettable l'honneur de vous remercier, au nom de l'Académie française, de l'aimable invitation qui nous a amenés au milieu de vous. Cet honneur appartenait de droit à notre directeur, M. Dupaty. La maladie l'a privé du plaisir de vous adresser quelques-unes de ces paroles vives et sympathiques que personne ne sait mieux trouver que lui, parce que personne ne les cherche moins. Heureux de les entendre avec vous, il m'eût été plus agréable de m'y associer, qu'il ne m'est facile de les suppléer.

» L'Académie française, Messieurs, sait tout ce que l'Académie d'Amiens a fait pour les lettres; elle sait quelle part vous doit être attribuée dans ce mouvement intellectuel des dernières années, d'abord si rapide, aujourd'hui rallenti, qui a créé ou réveillé tant de sociétés savantes sur toute la surface du pays. Nobles institutions, qui ne servent pas seulement les lettres par les talents qu'elles suscitent, par les travaux dont elles grossissent notre trésor intellectuel, par les traditions de goût qu'elles perpétuent, mais qui servent encore les mœurs nationales par les habitudes de politesse bienveillante et de confraternité qu'entretiennent leurs pacifiques discussions. Votre compagnie, Messieurs, est au premier rang parmi celles qui rendent ce double service aux lettres et à la sociabilité française; la fête qui nous réunit en ce moment en est un témoignage éclatant et en laissera un souvenir durable.

» Une émulation, dont vous vous honorez, n'y a pas été inutile. Une autre compagnie, plus jeune que vous de bien des années, car vous datez de plus d'un siècle, *la Société des Antiquaires de Picardie* vous avait donné le très-bon exemple d'élever une statue à l'une des gloires que la France doit à la ville d'Amiens, Du Cange, qui fut plus qu'un historien, car sans lui l'histoire du moyen-âge n'eût pas été possible. Vous n'avez pas voulu rester en arrière de vos savants confrères. La patrie de Du Cange est aussi la patrie d'un poète exquis, Gresset, si bien apprécié tout à l'heure par un maître dans son art, et par votre président, fervent admirateur qui a su

4.

rester si bon juge. Vous avez voulu que Gresset eût aussi sa statue, et que le même hommage fût rendu, dans votre ville, à l'érudition portée jusqu'au génie, et à la poésie légère s'élevant, dans un jour de haute inspiration, jusqu'à la comédie de caractère; au prodigieux glossaire qui soulage l'historien de ce que sa tâche a de plus ingrat, et à quelques scènes du premier ordre, dans une pièce charmante, où Gresset, qui n'y songeait guère, se vengeait d'avance des railleries de Voltaire en faisant mieux que lui. C'est ainsi, Messieurs, qu'en paraissant vous approprier plus étroitement la plus aimable de vos illustrations locales, vous vous en êtes institués les conservateurs, au profit de tous.

» Permettez-moi de porter à l'Académie d'Amiens un toast dont la Société des Antiquaires de Picardie voudra bien prendre sa part.

» Mais un toast à l'élite intellectuelle d'Amiens s'adresse à la ville elle-même. Les lettres y ont toujours compté parmi les principaux soins de votre intelligente municipalité. Vos magistrats offraient, il y a un peu moins d'un siècle, le vin de ville à Jean-Jacques Rousseau qui s'effarouchait de leur hospitalité, et qui s'enfuyait devant un empressement si cordial à honorer les grands talents. La ville d'aujourd'hui est restée fidèle à cet esprit. Elle aime les lettres au milieu d'une activité industrielle qui semblerait devoir les exclure; elle sait trouver du temps pour leurs plaisirs délicats; elle leur donne de magnifiques fêtes; elle les honore publiquement par le bronze et par le marbre à une époque où les grandes affaires n'ont que trop de penchant à croire que les lettres n'en sont que de fort petites.

» Le goût tout seul, Messieurs, n'expliquerait pas une conduite si sensée et si libérale. Permettez-moi d'y reconnaître une des marques de l'intelligence politique dont votre cité est animée. Elle sait que les lettres sont susceptibles, que l'estime les rend fortes et bienfaisantes, et que, dans un grand centre d'industrie, il n'est pas de plus sage politique que de tenir en bon accord deux forces également nécessaires à la prospérité et à la grandeur de notre pays. Aussi les honnêtes gens voient-ils avec bonheur, dans vos murs, l'industrie et les lettres se donner la main, et s'unir dans une même pensée de dévoûment patriotique, pour faire face aux difficultés du présent et aux périls de l'avenir.

» La ville d'Amiens est accoutumée a nous donner toutes sortes de bons exemples ; mais j'ose dire que de tous ceux qui la rendent respectable et chère à notre pays, il n'en est aucun où elle mérite plus d'être imitée, aucun qui soit donné plus à propos. »

M. Anselin porte à son tour ce toast :

« A M. Forceville, à l'habile sculpteur dont le ciseau est consacré aux gloires de la Picardie. »

M. Forceville répond à ce toast par l'allocution suivante :

« Messieurs,

» Les émotions que j'ai éprouvées dans cette journée si mémorable pour moi, ne me permettent pas, en répondant à ce toast bienveillant, de développer mes idées avec toute la netteté convenable. Je me bornerai donc, Messieurs, à remercier d'abord l'Académie d'Amiens du concours qu'elle m'a prêté pour me faciliter le moyen d'arriver à l'exécution de mon projet. Je remercierai aussi la ville de tout ce qu'elle a fait pour l'organisation des brillantes fêtes données à l'occasion de l'inauguration de ma statue. Je remercierai encore ceux de MM. les orateurs qui, dans leurs discours, ont bien voulu m'adresser des paroles bienveillantes. Maintenant, Messieurs, qu'il me soit permis d'émettre un vœu, celui de pouvoir un jour provoquer encore une semblable solennité. Si mes prévisions et mes désirs ne me trompent pas, ce jour est peut-être peu éloigné. Nous avons encore, Messieurs, dans notre Picardie des illustrations à faire revivre, et mon ciseau, quelque peu exercé qu'il soit, ne leur fera pas défaut. »

Après la réponse de M. Forceville, M. Boistel de Belloy offre, au nom de la famille de Gresset, à MM. les Délégués de l'Académie française, trois des médailles qu'elle a fait frapper en commémoration de l'inauguration de la Statue.

En ce moment, le Secrétaire-Perpétuel porte un toast à la famille de Gresset.

M. Boistel de Belloy répond :

« Messieurs,

» Permettez-moi de me faire ici l'interprète de ceux que leur degré de parenté ou leur nom appelait avant moi à l'honneur de représenter parmi vous la famille de Gresset.

» En faisant frapper une médaille commémorative de l'inauguration de la statue de Gresset, sa famille a été heureuse de s'associer, pour sa faible part, aux efforts de ceux qui ont tant fait pour la mémoire de notre oncle.

» C'est bien plutôt à vous tous, Messieurs, qu'il est dû un légitime tribut de reconnaissance. Reconnaissance à l'Académie Française qui a bien voulu honorer cette réunion par la présence de plusieurs de ses membres les plus distingués. Reconnaissance à l'Académie d'Amiens pour le souvenir qu'elle garde de celui qui fut son fondateur. Reconnaissance à celui de ses membres qui a si glorieusement accompli la tâche qu'il s'était imposée envers elle. Reconnaissance aussi à toutes les autorités qui ont rivalisé de zèle pour rendre cette journée mémorable dans les annales de la ville d'Amiens. »

Après les applaudissements qui accueillent l'allocution de M. Boistel de Belloy, l'Académie et les personnes invitées se rendent à la fête nautique dont le spectacle vraiment féerique, dû au zèle de la Société des Canotiers, termine cette solennelle journée.

Le Directeur,   Le Chancelier,

A. BREUIL.   FLOUCAUD.

Le Secrétaire perpétuel,

ANSELIN.

Amiens. — Imp. de Duval et Herment, place Périgord, 3.

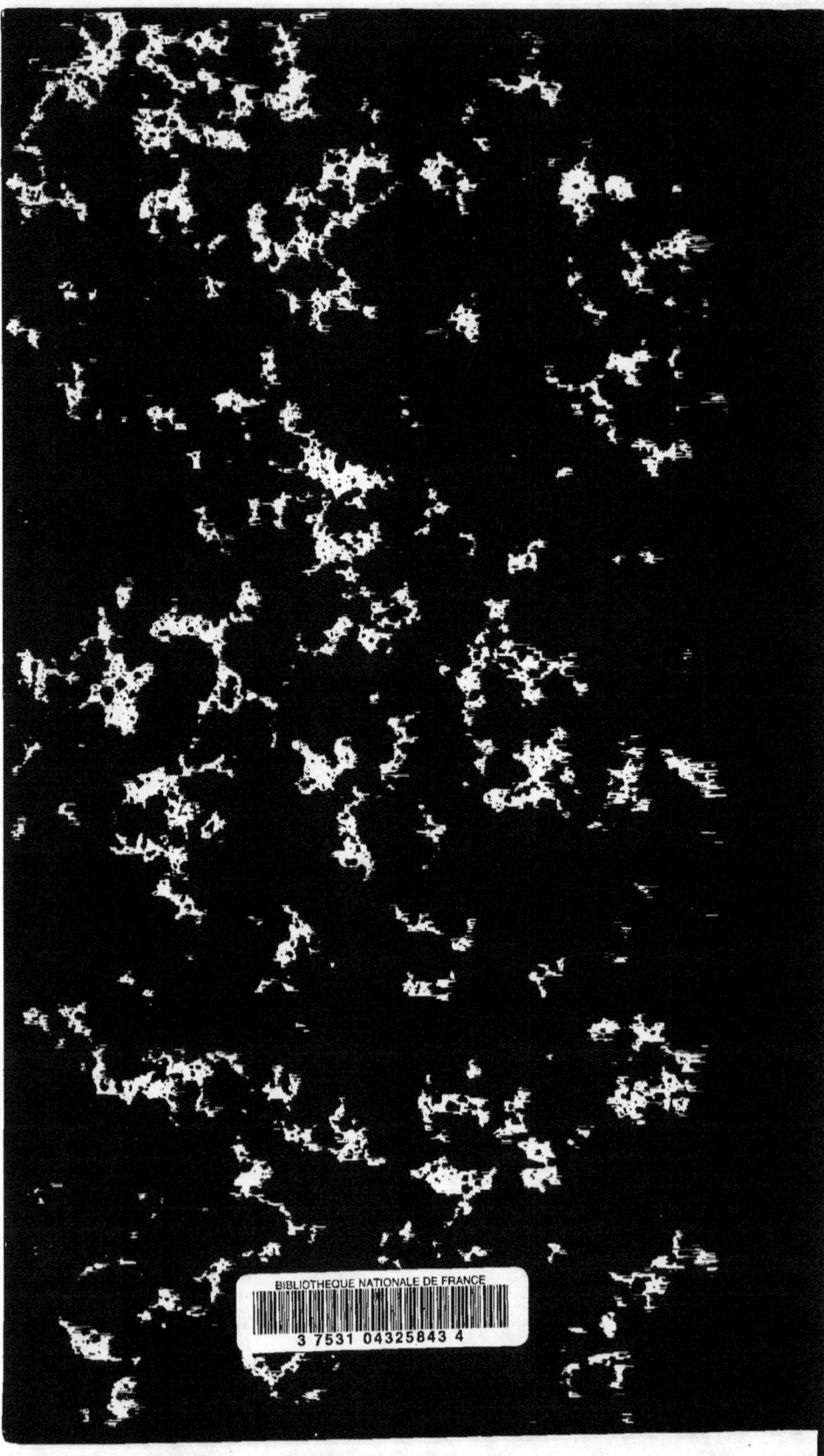